KREUZWEG
AM KOLOSSEUM

UNTER DEM VORSITZ DES HEILIGEN VATERS
BENEDIKT XVI.

KARFREITAG 2006

*Herausgegeben vom Büro für liturgische Feiern
mit dem Heiligen Vater*

FREIBURG · BASEL · WIEN

EINFÜHRUNG

Einige Worte, die Sie auf dem Weg begleiten sollen.

Wenn wir den „Kreuzweg" gehen, werden wir von zwei Gewissheiten wie von einem Blitz getroffen: von der Gewissheit der *zerstörerischen* Macht der Sünde und von der Gewissheit der *heilenden* Macht der Liebe Gottes.

Die zerstörerische Macht der Sünde: Unermüdlich wiederholt die Bibel, dass das Schlechte schlecht ist, *weil es schadet;* die Sünde ist nämlich selbstbestrafend, denn sie enthält die Strafe bereits in sich. Dazu einige erhellende Texte des Propheten Jeremia: *„Sie liefen dem Nichtigen nach und wurden so selber zunichte"* (vgl. Jer 2,5); *„Dein böses Tun straft dich, deine Abtrünnigkeit klagt dich an. So erkenne doch und sieh ein, wie schlimm und bitter es ist, den Herrn, deinen Gott, zu verlassen und keine Furcht vor mir zu haben"* (Jer 2,19); *„Eure Frevel haben die Ordnung gestört, eure Sünden haben euch den Regen vorenthalten"* (Jer 5,25).

Und Jesaja bleibt nicht dahinter zurück: *„Darum – so spricht der Heilige Israels: Weil ihr dieses Wort missachtet, weil ihr auf Ränke vertraut und euch auf das Falsche verlasst, darum wird eure Schuld für euch sein wie ein herabfallendes Bruchstück von einer hochaufragenden Mauer, die dann plötzlich, urplötzlich einstürzt. Sie zerbricht wie der Krug eines Töpfers, den man ohne Erbarmen zerschlägt, so dass sich unter all den Stücken keine Scherbe mehr findet, mit der man Feuer vom Herd holen kann oder Wasser schöpfen aus der Zisterne"* (Jes 30, 12–14). Und indem er den aufrichtigeren Gefühlen des Gottesvolkes seine Stimme verleiht, ruft der Prophet aus: *„Wie Unreines sind* *wir alle geworden, unsere ganze Gerechtigkeit ist wie ein schmutziges Kleid. Wie Laub sind wir alle verwelkt, unsere Schuld trägt uns fort wie der Wind"* (*Jes* 64,5).

Doch zugleich prangern die Propheten die Verhärtung des Herzens an, die eine schreckliche Blindheit verursacht und die Schwere der Sünde nicht mehr empfinden lässt. Hören wir Jeremia: *„Sie sind doch alle, vom Kleinsten bis zum Größten, nur auf Gewinn aus; vom Propheten bis zum Priester betrügen sie alle. Den Schaden meines Volkes möchten sie leichthin heilen, indem sie rufen: Heil, Heil! Aber kein Heil ist da. Schämen müssten sie sich, weil sie Greuel verüben. Doch sie schämen sich nicht; Scham ist ihnen unbekannt"* (*Jer* 6,13–15).

Indem Jesus in diese von der Sünde verwüstete Geschichte eingetreten ist, hat er sich vom Gewicht und von der Gewalt unserer Sünden überfallen lassen: Aus diesem Grund wird einem im Blick auf Jesus deutlich spürbar, wie zerstörerisch die Sünde und wie krank die Menschheitsfamilie ist – das heißt: wir! Du und ich!

Doch – und das ist die zweite Gewissheit – Jesus hat auf unseren Hochmut mit Demut reagiert; auf unsere Gewalt hat er mit Sanftmut geantwortet und auf unseren Hass mit verzeihender Liebe: Das Kreuz ist das Ereignis, durch das die Liebe Gottes in unsere Geschichte eindringt, einem jeden von uns nahekommt und zu einer heilenden und rettenden Erfahrung wird.

Eine Tatsache kann uns nicht entgehen: Vom Anfang seines Wirkens an spricht Jesus von seiner *„Stunde"* (*Joh* 2,4), von einer Stunde, *„für die er gekommen ist"* (vgl. *Joh* 12,27), von einer Stunde, die er mit Freude begrüßt, wenn er zu Beginn seiner Passion ausruft: *„Die Stunde ist da!"* (*Joh* 17,1).

Die Kirche hütet die Erinnerung an diese Tatsache mit Sorgfalt, und nachdem sie im Credo bekannt hat, dass *Gottes Sohn Fleisch angenommen hat durch den Heiligen Geist von der Jungfrau Maria und*

Mensch geworden ist, fügt sie sofort hinzu: „*Er wurde für uns gekreuzigt unter Pontius Pilatus, hat gelitten und ist begraben worden*".

Er wurde für uns gekreuzigt! Jesus hat sich im Sterben zutiefst in die dramatische Erfahrung des Todes hineinbegeben, so wie dieser durch unsere Sünden geschaffen wurde; *doch sterbend hat er das Sterben angefüllt mit Liebe* und es deshalb mit der Gegenwart Gottes erfüllt. Mit dem Tod Christi ist nun der Tod bezwungen, denn Christus hat in den Tod die Fülle gerade jener Kraft eingesenkt, die der Gegensatz zu der Sünde ist, die ihn verursacht hatte: Jesus hat ihn mit Liebe erfüllt!

Durch den Glauben und die Taufe kommen wir mit dem Tod Christi in Berührung, das heißt mit dem Geheimnis der Liebe, mit der Christus ihn erfahren und besiegt hat … Und so beginnt der Weg unserer Rückkehr zu Gott, einer Rückkehr, die ihre Vollendung finden wird im Moment unseres eigenen Todes, den wir in und mit Christus erfahren, und das heißt: in Liebe!

Wenn Sie den „Kreuzweg" gehen, lassen Sie sich von Maria an die Hand nehmen: Erbitten Sie sich von ihr ein Quäntchen ihrer Demut und ihrer Verfügbarkeit, damit die Liebe des gekreuzigten Christus in Sie eindringt und Ihr Herz wieder aufbaut nach dem Maß des Herzens Gottes.

Gutes Vorankommen!

✠ Angelo Comastri

VORBEREITUNGSGEBET

Der Heilige Vater:
Im Namen des Vaters und des Sohnes und des Heiligen Geistes.

A. Amen.

Herr Jesus,
Deine Passion
ist die Geschichte der ganzen Menschheit:
die Geschichte, in der die Guten gedemütigt werden,
die Sanftmütigen … angegriffen,
die Anständigen … mit Füßen getreten
und die, welche ein reines Herz haben, spöttisch verlacht werden.

Wer wird der Sieger sein?
Wer wird das letzte Wort haben?

Herr Jesus,
wir glauben, dass Du das letzte Wort bist:
In Dir haben die Guten schon gesiegt,
in Dir haben die Sanftmütigen schon triumphiert,
in Dir werden die Anständigen gekrönt
und die, welche ein reines Herz haben, leuchten wie Sterne
in der Nacht.

Herr Jesus,
heute Abend werden wir Deinen Kreuzweg nachgehen,
und wir wissen, dass es auch unser Weg ist.
Doch eine Gewissheit gibt uns Licht:
Der Weg endet nicht am Kreuz,
sondern er führt weiter,
führt ins Reich des Lebens
und in die Explosion der Freude,
die uns niemand mehr nehmen kann![1]

Lektor:
O Jesus, nachdenklich halte ich inne
zu Füßen Deines Kreuzes:
Auch ich habe es gezimmert mit meinen Sünden!
Deine Güte, die sich nicht verteidigt
und sich kreuzigen lässt,
ist ein Geheimnis, das mich überwältigt
und mich zutiefst erschüttert.

Herr, für mich bist Du in die Welt gekommen,
um mich zu suchen, um mir zu bringen
die Umarmung des Vaters:[2]
die Umarmung, die mir fehlt!

Du bist das Angesicht der Güte
und der Barmherzigkeit:
Deshalb willst Du mich retten!

---
[1] *Joh 16,22; Mt 5,12.*
[2] *Lk 15,20.*

In mir ist so viel Egoismus:
Komm mit Deiner grenzenlosen Liebe!
In mir ist Hochmut und Boshaftigkeit:
Komm mit Deiner Milde und Deiner Demut!

Herr, der zu rettende Sünder bin ich:
Ich bin der verlorene Sohn, der zurückkehren muss!
Herr, gewähre mir die Gabe der Tränen,
um die Freiheit wiederzufinden und das Leben,
den Frieden mit Dir und die Freude in Dir.

ERSTE STATION
Jesus wird zum Tode verurteilt

V. Adoramus te, Christe, et benedicimus tibi.
A. Quia per sanctam crucem tuam redemisti mundum.

[V. Wir beten Dich an, Herr Jesus Christus, und preisen Dich.
A. Denn durch Dein heiliges Kreuz hast Du die Welt erlöst.]

Aus dem heiligen Evangelium nach Matthäus. 27,22–23.26

Chronist: *Pilatus sagte zu ihnen:*
Lektor: *„Was soll ich dann mit Jesus tun, den man den Messias nennt?"*
C. *Da schrien sie alle:*
L. *„Ans Kreuz mit ihm!"*
C. *Er erwiderte:*
L. *„Was für ein Verbrechen hat er denn begangen?"*
C. *Da schrien sie noch lauter:*
L. *„Ans Kreuz mit ihm!"*
C. *Darauf ließ er Barabbas frei und gab den Befehl, Jesus zu geißeln und zu kreuzigen.*

BETRACHTUNG
Diese Szene einer Verurteilung kennen wir gut:
Sie ist tägliches Geschehen!
Doch eine Frage brennt uns auf der Seele:
Warum ist es überhaupt *möglich*, Gott zu verurteilen?
Warum zeigt Gott, der Allmächtige,
sich im Gewand der Schwäche?
Warum lässt Gott sich angreifen vom Hochmut, von der Anmaßung und von der Arroganz der Menschen?
Warum schweigt Gott?

Das Schweigen Gottes ist unsere Qual,
ist unsere Prüfung!
Doch es ist auch die Läuterung
unserer Eile,
es ist die Therapie gegen unsere Rachsucht.

Das Schweigen Gottes
ist der Boden, auf dem unser Hochmut stirbt
und der wahre Glaube aufkeimt,
der demütige Glaube,
der Glaube, der Gott keine Fragen stellt,
sondern sich ihm anheimgibt in kindlichem Vertrauen.

GEBET
Herr,
wie leicht ist es, zu verurteilen!
Wie leicht ist es, Steine zu werfen:
die Steine des Urteils und der Verleumdung,
die Steine der Gleichgültigkeit und des Sich-Abwendens!

Herr, Du wolltest stehen
auf der Seite der Besiegten,
auf der Seite der Gedemütigten und der Verurteilten.[3]

Hilf uns, niemals zum Henker
der wehrlosen Brüder zu werden;
hilf uns, mutig Stellung zu nehmen,
um die Schwachen zu verteidigen;
hilf uns, das Wasser des Pilatus abzulehnen,
denn es reinigt nicht die Hände,
sondern beschmutzt sie mit unschuldigem Blut.

---

[3] *Mt 25,31–46*

✠

Alle:
Pater noster, qui es in cælis:
sanctificetur nomen tuum;
adveniat regnum tuum;
fiat voluntas tua, sicut in cælo, et in terra.
Panem nostrum cotidianum da nobis hodie;
et dimitte nobis debita nostra,
sicut et nos dimittimus debitoribus nostris;
et ne nos inducas in tentationem;
sed libera nos a malo.

Vater unser im Himmel,
geheiligt werde dein Name.
Dein Reich komme.
Dein Wille geschehe,
wie im Himmel so auf Erden.
Unser tägliches Brot gib uns heute.
Und vergib uns unsere Schuld,
wie auch wir vergeben unsern Schuldigern.
Und führe uns nicht in Versuchung,
sondern erlöse uns von dem Bösen.

Stabat mater dolorosa	*Christi Mutter stand mit Schmerzen*
iuxta crucem lacrimosa,	*bei dem Kreuz und weint' von Herzen,*
dum pendebat Filius.	*als ihr lieber Sohn da hing.*

ZWEITE STATION
Jesus nimmt das Kreuz auf sich

V. Adoramus te, Christe, et benedicimus tibi.
A. Quia per sanctam crucem tuam redemisti mundum.

Aus dem heiligen Evangelium nach Matthäus. 27,27–31

C. *Da nahmen die Soldaten des Statthalters Jesus, führten ihn in das Prätorium und versammelten die ganze Kohorte um ihn. Sie zogen ihn aus und legten ihm einen purpurroten Mantel um. Dann flochten sie einen Kranz aus Dornen; den setzten sie ihm auf und gaben ihm einen Stock in die rechte Hand. Sie fielen vor ihm auf die Knie und verhöhnten ihn, indem sie riefen:*
L. *„Heil dir, König der Juden!"*
C. *Und sie spuckten ihn an, nahmen ihm den Stock wieder weg und schlugen ihm damit auf den Kopf. Nachdem sie so ihren Spott mit ihm getrieben hatten, nahmen sie ihm den Mantel ab und zogen ihm seine eigenen Kleider wieder an. Dann führten sie ihn hinaus, um ihn zu kreuzigen.*

BETRACHTUNG
In der Passion Christi
hat sich der Hass ausgetobt,
unser Hass, der Hass der ganzen Menschheit.[4]
In der Passion Christi
hat unsere Schlechtigkeit reagiert auf die Güte,
hat sich unser Hochmut gereizt entladen
angesichts der Demut,
fühlte sich unsere Verkommenheit beleidigt
angesichts der strahlenden Lauterkeit Gottes!

---
[4] *Lk* 22,53.

Und so sind wir … das Kreuz Gottes geworden!
Wir, die wir uns töricht auflehnen,
wir haben mit unseren widersinnigen Sünden
das Kreuz unserer Ruhelosigkeit
und unseres Unglücks gezimmert:
Wir haben unsere Strafe geschaffen.

Doch Gott nimmt das Kreuz auf die Schultern,
unser Kreuz,
und er fordert uns heraus mit der Macht seiner Liebe.

Gott nimmt das Kreuz!
Unergründliches Geheimnis der Güte!
Geheimnis der Demut, das uns mit Scham darüber erfüllt,
noch hochmütig zu sein!

GEBET
Herr Jesus,
Du bist in die menschliche Geschichte eingetreten,
und sie ist Dir feindselig begegnet,[5] in Auflehnung gegen Gott,
wahnsinnig geworden aufgrund des Hochmuts,
der den Menschen glauben lässt,
von großer Statur zu sein
… wie sein Schatten!

Herr Jesus,
Du hast uns nicht angegriffen,
sondern hast Dich angreifen lassen von uns,
von mir, von einem jeden!

---

[5] *Joh 1,10–11.*

Sorge für mich, Jesus, mit Deiner Geduld,
heile mich mit Deiner Demut,
gib mir die Statur des Geschöpfes zurück:
meine Statur des Kleinen … von Dir unendlich Geliebten!

Alle:
Pater noster, qui es in cælis:
sanctificetur nomen tuum;
adveniat regnum tuum;
fiat voluntas tua, sicut in cælo, et in terra.
Panem nostrum cotidianum da nobis hodie;
et dimitte nobis debita nostra,
sicut et nos dimittimus debitoribus nostris;
et ne nos inducas in tentationem;
sed libera nos a malo.

Cuius animam gementem,
contristatam et dolentem
pertransivit gladius.

Durch die Seele voller Trauer,
seufzend unter Todesschauer,
jetzt das Schwert des Leidens ging.

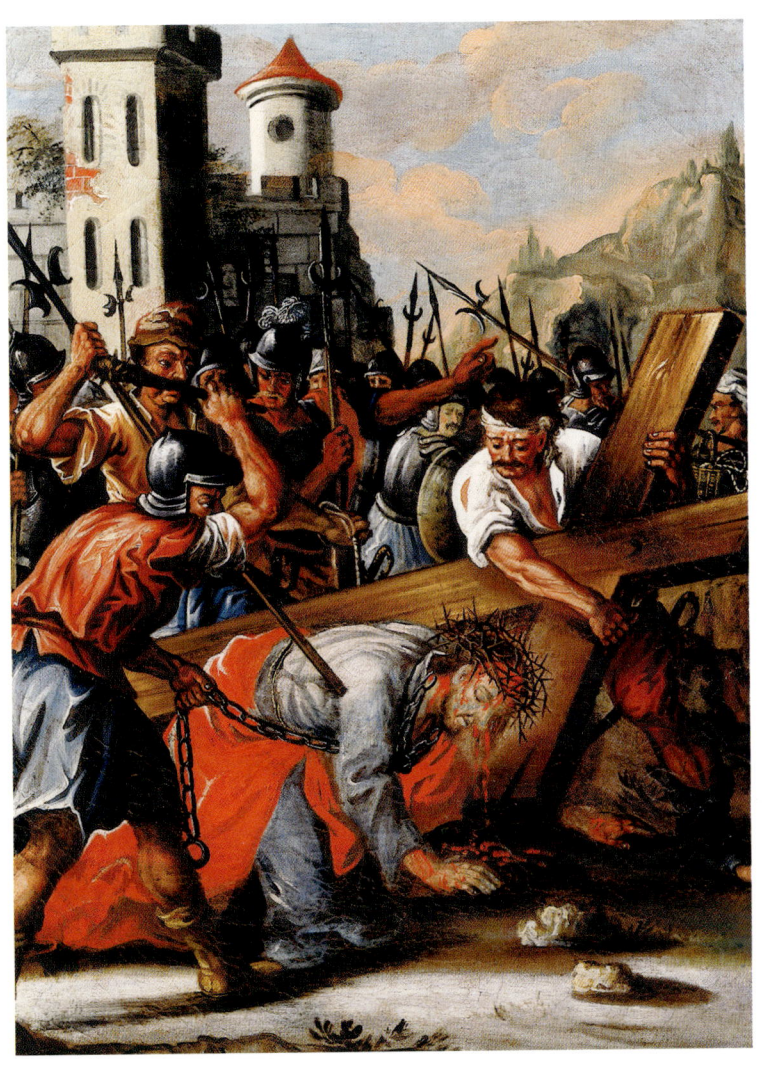

DRITTE STATION
Jesus fällt zum ersten Mal
unter dem Kreuz

V. Adoramus te, Christe, et benedicimus tibi.
A. Quia per sanctam crucem tuam redemisti mundum.

Aus dem Buch des Propheten Jesaja.   53,4–6

C. *Aber er hat unsere Krankheit getragen*
und unsere Schmerzen auf sich geladen.
Wir meinten, er sei von Gott geschlagen,
von ihm getroffen und gebeugt.
Doch er wurde durchbohrt wegen unserer Verbrechen,
wegen unserer Sünden zermalmt.
Zu unserem Heil lag die Strafe auf ihm,
durch seine Wunden sind wir geheilt.
L. *Wir hatten uns alle verirrt wie Schafe,*
jeder ging für sich seinen Weg.
Doch der Herr lud auf ihn
die Schuld von uns allen.

BETRACHTUNG

Nach menschlichen Vorstellungen kann Gott nicht fallen,
… und doch fällt er. Warum?
Es kann kein Zeichen von Schwäche sein,
sondern nur ein Zeichen von Liebe:
eine Liebesbotschaft für uns.

Indem er unter der Last des Kreuzes stürzt,
erinnert Jesus uns daran, dass die Sünde belastet;
die Sünde erniedrigt und zerstört,
die Sünde bestraft und bewirkt Schlechtes:
Darum *ist* die Sünde schlecht.[6]

---

[6] *Jer* 2,5.19; 5,25.

Doch Gott liebt uns und will unser Bestes;
und die Liebe drängt ihn, den Tauben zuzurufen,
uns, die wir nicht hören wollen:
„Verlasst die Sünde, denn sie schadet euch!
Sie nimmt euch den Frieden und die Freude;
sie trennt euch vom Leben und lässt in euch austrocknen
die Quelle der Freiheit und der Würde."

Verlasst sie! Verlasst sie!

GEBET
Herr,
wir haben das Empfinden für die Sünde verloren!
Mit heimtückischer Propaganda verbreitet sich heute
eine törichte Apologie des Schlechten,
ein absurder Kult Satans,
ein unsinniger Wille zur Übertretung,
eine verlogene und haltlose Freiheit,
welche die Laune, das Laster und den Egoismus verherrlicht
und sie als Errungenschaften der Zivilisation hinstellt.

Herr Jesus,
öffne uns die Augen:
Mach, dass wir den Schmutz sehen
und ihn erkennen als das, was er ist,
damit eine Träne der Reue
wieder Sauberkeit in uns schaffe
und den Raum einer wahren Freiheit.
Öffne uns die Augen,
Herr Jesus!

✠

Alle:
Pater noster, qui es in cælis:
sanctificetur nomen tuum;
adveniat regnum tuum;
fiat voluntas tua, sicut in cælo, et in terra.
Panem nostrum cotidianum da nobis hodie;
et dimitte nobis debita nostra,
sicut et nos dimittimus debitoribus nostris;
et ne nos inducas in tentationem;
sed libera nos a malo.

O quam tristis et afflicta	*Welch ein Weh der Auserkornen,*
fuit illa benedicta	*da sie sah den Eingebornen,*
mater Unigeniti!	*wie Er mit dem Tode rang!*

VIERTE STATION
Jesus begegnet seiner betrübten Mutter

V. Adoramus te, Christe, et benedicimus tibi.
A. Quia per sanctam crucem tuam redemisti mundum.

Aus dem heiligen Evangelium nach Lukas. 2,34–35.51

C. *Simeon segnete sie und sagte zu Maria, der Mutter Jesu:*
L. *„Dieser ist dazu bestimmt, dass in Israel viele durch ihn zu Fall kommen und viele aufgerichtet werden, und er wird ein Zeichen sein, dem widersprochen wird. Dadurch sollen die Gedanken vieler Menschen offenbar werden. Dir selbst aber wird ein Schwert durch die Seele dringen."*
C. *Dann kehrte er mit ihnen nach Nazaret zurück und war ihnen gehorsam. Seine Mutter bewahrte alles, was geschehen war, in ihrem Herzen.*

BETRACHTUNG

Jede Mutter ist ein Sichtbarwerden von Liebe,
ist Wohnstatt der Zärtlichkeit,
ist Treue, die nicht verlässt,
denn eine wahre Mutter liebt,
auch wenn sie nicht geliebt wird.

Maria ist die Mutter!
In ihr ist das Weibliche ungetrübt,
und die Liebe ist nicht verunreinigt durch Aufwallungen von Egoismus,
die das Herz gefangennehmen und blockieren.

Maria ist die Mutter!
Ihr Herz steht dem des Sohnes
treu zur Seite
und leidet und trägt das Kreuz
und spürt im eigenen Leibe
alle Wunden am Leib des Sohnes.

Maria ist die Mutter!
Und sie bleibt Mutter:
für uns, für immer!

GEBET
Herr Jesus,
wir alle brauchen die Mutter!
Wir brauchen eine Liebe,
die wahrhaft ist und treu.
Wir brauchen eine Liebe,
die niemals strauchelt,
eine Liebe, die sichere Zuflucht bietet
für die Zeit der Angst,
des Schmerzes und der Prüfung.

Herr Jesus,
wir brauchen Frauen,
Bräute, Mütter,
die den Menschen
das schöne Gesicht der Menschheit zurückgeben.

Herr Jesus,
wir brauchen Maria:
die Frau, die Braut, die Mutter,
die die Liebe niemals verunstaltet und niemals verleugnet!

Herr Jesus,
wir bitten Dich für alle Frauen der Welt!

Alle:
Pater noster, qui es in cælis:
sanctificetur nomen tuum;
adveniat regnum tuum;
fiat voluntas tua, sicut in cælo, et in terra.
Panem nostrum cotidianum da nobis hodie;
et dimitte nobis debita nostra,
sicut et nos dimittimus debitoribus nostris;
et ne nos inducas in tentationem;
sed libera nos a malo.

Quæ mærebat et dolebat   *Angst und Trauer, Qual und Bangen,*
pia mater, cum videbat   *alles Leid hielt sie umfangen,*
Nati pœnas incliti.   *das nur je ein Herz durchdrang!*

FÜNFTE STATION
Simon von Zyrene hilft Jesus
das Kreuz tragen

V. Adoramus te, Christe, et benedicimus tibi.
A. Quia per sanctam crucem tuam redemisti mundum.

Aus dem heiligen Evangelium nach Matthäus.   27,32; 16,24

C. *Auf dem Weg trafen sie einen Mann aus Zyrene namens Simon; ihn zwangen sie, Jesus das Kreuz zu tragen.*

C. *Jesus sagte zu seinen Jüngern:*
L. *„Wer mein Jünger sein will, der verleugne sich selbst, nehme sein Kreuz auf sich und folge mir nach."*

BETRACHTUNG
Simon von Zyrene,
du bist ein kleiner, ein armer,
ein unbekannter Bauer,
von dem die Geschichtsbücher nicht sprechen.

Und doch machst du Geschichte!

Du hast eines der schönsten Kapitel
der Geschichte der Menschheit geschrieben:
Du trägst das Kreuz eines anderen,
du hebst den schweren Balken auf
und verhinderst, dass er das Opfer erdrückt.

Du gibst jedem von uns die Würde zurück,
indem du uns daran erinnerst, dass wir nur dann wir selbst sind,
wenn wir nicht mehr an uns selber denken.[7]

---
[7] *Lk 9,24.*

Du erinnerst uns daran, dass Christus auf uns wartet
auf der Straße, auf dem Treppenabsatz,
im Krankenhaus, im Gefängnis …
in den Randzonen unserer Städte.
Christus wartet auf uns …![8]

Werden wir ihn erkennen?
Werden wir ihm helfen?
Oder werden wir in unserem Egoismus sterben?

GEBET
Herr Jesus,
die Liebe erlischt
und die Welt wird kalt,
ungastlich, menschenfeindlich.
Sprenge die Ketten, die uns hindern,
den anderen entgegenzueilen.
Hilf uns, uns selbst zu finden in der Nächstenliebe.

Herr Jesus,
der Wohlstand lässt uns unmenschlich werden,
die Vergnügung ist zur Entfremdung, zur Droge geworden;
und der monotone Werbespot dieser Gesellschaft
ist die Einladung, im Egoismus zu sterben.

Herr Jesus,
entzünde in uns wieder den Funken der Menschlichkeit,
die Gott uns am Anfang der Schöpfung ins Herz legte.
Befreie uns von der Dekadenz des Egoismus,
dann werden wir wieder Lebensfreude finden
und die Lust, zu singen.

---
[8] *Mt 25,40.*

✠

Alle:
Pater noster, qui es in cælis:
sanctificetur nomen tuum;
adveniat regnum tuum;
fiat voluntas tua, sicut in cælo, et in terra.
Panem nostrum cotidianum da nobis hodie;
et dimitte nobis debita nostra,
sicut et nos dimittimus debitoribus nostris;
et ne nos inducas in tentationem;
sed libera nos a malo.

Quis est homo qui non fleret,	*Wer könnt' ohne Tränen sehen*
matrem Christi si videret	*Christi Mutter also stehen*
in tanto supplicio?	*in so tiefen Jammers Not?*

SECHSTE STATION

Jesus nimmt von Veronika
das Schweißtuch

V. Adoramus te, Christe, et benedicimus tibi.
A. Quia per sanctam crucem tuam redemisti mundum.

Aus dem Buch des Propheten Jesaja.   53,2–3

C. *Er hatte keine schöne und edle Gestalt,*
so dass wir ihn anschauen mochten.
Er sah nicht so aus, dass wir Gefallen fanden an ihm.
Er wurde verachtet und von den Menschen gemieden,
ein Mann voller Schmerzen, mit Krankheit vertraut,
wie einer, vor dem man das Gesicht verhüllt.

Aus dem Buch der Psalmen.   42,2–3

L. *Wie der Hirsch lechzt nach frischem Wasser,*
so lechzt meine Seele, Gott, nach Dir.
Meine Seele dürstet nach Gott, nach dem lebendigen Gott:
Wann darf ich kommen und Gottes Antlitz schauen?

BETRACHTUNG

Das Angesicht Jesu ist schweißgebadet,
es ist blutüberströmt;
frech angespuckt, ist es mit Speichel überzogen.
Wer wird den Mut haben, sich ihm zu nähern?

Eine Frau!
Eine Frau tritt offen hervor,
lässt das Licht der Menschlichkeit leuchten
… und trocknet das Angesicht:
und entdeckt das Angesicht!

Wie viele Menschen sind heute gesichtslos!
Wie viele Menschen gedrängt
an den Rand des Lebens,
ins Exil der Verlassenheit,
in die Gleichgültigkeit, die die Gleichgültigen tötet.

Denn lebendig ist nur, wer vor Liebe brennt
und sich beugt über Christus, der leidet
und in den Leidenden wartet: heute!

Ja, heute! Denn morgen wird es zu spät sein![9]

GEBET
Herr Jesus,
ein Schritt genügte,
und die Welt könnte sich ändern!

Ein Schritt genügte,
und in die Familie kehrte wieder Friede ein;
ein Schritt genügte,
und der Bettler wäre nicht mehr einsam;
ein Schritt genügte,
und der Kranke würde eine Hand spüren,
die ihm die Hand hält
… um beide zu heilen.

Ein Schritt genügte,
und die Armen könnten sich zu Tisch setzen
und die Traurigkeit verscheuchen von der Tafel der Egoisten,
die für sich allein nicht feiern können.

---
[9] Mt 25,11–13.

Herr Jesus,
ein Schritt würde genügen!

Hilf uns, ihn zu tun,
denn in der Welt erschöpfen sich allmählich
alle Reserven an Freude.
Hilf uns, Herr!

Alle:
Pater noster, qui es in cælis:
sanctificetur nomen tuum;
adveniat regnum tuum;
fiat voluntas tua, sicut in cælo, et in terra.
Panem nostrum cotidianum da nobis hodie;
et dimitte nobis debita nostra,
sicut et nos dimittimus debitoribus nostris;
et ne nos inducas in tentationem;
sed libera nos a malo.

Quis non posset contristari,	*Wer nicht mit der Mutter weinen,*
piam matrem contemplari	*seinen Schmerz mit ihrem einen,*
dolentem cum Filio?	*leidend bei des Sohnes Tod?*

SIEBTE STATION
Jesus fällt zum zweiten Mal
unter dem Kreuz

V. Adoramus te, Christe, et benedicimus tibi.
A. Quia per sanctam crucem tuam redemisti mundum.

Aus dem Buch des Propheten Jeremia.   12,1

C. *Du bleibst im Recht, Herr, wenn ich mit Dir streite;*
    dennoch muss ich mit Dir rechten.
    Warum haben die Frevler Erfolg?
    Weshalb können die Abtrünnigen sorglos sein?

Aus dem Buch der Psalmen.   37,1–2.10–11

L. *Errege dich nicht über die Bösen,*
    wegen der Übeltäter ereifere dich nicht!
    Denn sie verwelken schnell wie das Gras,
    wie grünes Kraut verdorren sie.
    Eine Weile noch, und der Frevler ist nicht mehr da;
    schaust du nach seiner Wohnung – sie ist nicht mehr zu finden.
    Doch die Armen werden das Land bekommen,
    sie werden Glück in Fülle genießen.

BETRACHTUNG

Unsere Arroganz, unsere Gewalt, unsere Ungerechtigkeiten
lasten auf Christi Leib.
Sie wiegen schwer … und Christus fällt noch einmal,
um uns das unerträgliche Gewicht unserer Sünde zu offenbaren.

Doch was ist es, das heute in besonderer Weise
den heiligen Leib Christi peinigt?

Sicher ist ein schmerzliches Leiden Gottes
der Angriff auf die Familie.
Es scheint, als gebe es heute eine Art Anti-Genesis,
einen Gegen-Entwurf, einen diabolischen Hochmut,
der die Familie abschaffen will.

Der Mensch möchte die Familie neu erfinden;
die Grammatik des Lebens selbst,
von Gott so ersonnen und gewollt,[10] möchte er verändern.

Doch sich an Gottes Stelle zu setzen, ohne Gott zu sein,
ist die dümmste Arroganz,
ist das gefährlichste Abenteuer.

Der Sturz Christi öffne uns die Augen
und lasse uns wieder das schöne Gesicht,
das wahre Gesicht, das heilige Gesicht der Familie sehen.
Das Gesicht der Familie, derer wir alle bedürfen.

GEBET
Herr Jesus,
die Familie ist ein Traum Gottes,
der Menschheit übergeben;
die Familie ist ein Funke des Himmels,
mit der Menschheit geteilt;
die Familie ist die Wiege, in die wir hineingeboren wurden
und in der wir in der Liebe immer wieder neu geboren werden.

---

[10] *Gen 1,27; 2,24.*

Herr Jesus,
tritt in unsere Häuser ein
und stimme das Lied des Lebens an.
Entzünde wieder das Licht der Liebe
und lass uns empfinden, wie schön es ist,
aneinander gebunden zu sein
in einer Umarmung des Lebens:
Es ist das vom Atem Gottes selbst gespeiste Leben,
vom Atem Gottes, der die Liebe ist.

Herr Jesus,
rette die Familie, damit das Leben gesichert sei!

Herr Jesus,
rette meine, rette unsere Familie!

Alle:
Pater noster, qui es in cælis:
sanctificetur nomen tuum;
adveniat regnum tuum;
fiat voluntas tua, sicut in cælo, et in terra.
Panem nostrum cotidianum da nobis hodie;
et dimitte nobis debita nostra,
sicut et nos dimittimus debitoribus nostris;
et ne nos inducas in tentationem;
sed libera nos a malo.

Pro peccatis suæ gentis	Ach, für seiner Brüder Schulden
vidit Iesum in tormentis	sah sie Jesus Marter dulden,
et flagellis subditum.	Geißeln, Dornen, Spott und Hohn.

ACHTE STATION
Jesus begegnet den weinenden Frauen von Jerusalem

V. Adoramus te, Christe, et benedicimus tibi.
A. Quia per sanctam crucem tuam redemisti mundum.

Aus dem heiligen Evangelium nach Lukas. 23,27–29.31

C. *Es folgte eine große Menschenmenge, darunter auch Frauen, die um ihn klagten und weinten. Jesus wandte sich zu ihnen um und sagte:*
L. *„Ihr Frauen von Jerusalem, weint nicht über mich; weint über euch und eure Kinder! Denn es kommen Tage, da wird man sagen: Wohl den Frauen, die unfruchtbar sind, die nicht geboren und nicht gestillt haben …*
Denn wenn das mit dem grünen Holz geschieht, was wird dann erst mit dem dürren werden?"

BETRACHTUNG
Das Weinen der Mütter von Jerusalem
überflutet den Weg des Verurteilten mit Mitleid,
dämpft die Grausamkeit einer Todesstrafe
und erinnert uns daran, dass wir alle Kinder sind:
Kinder, die aus der Umarmung einer Mutter kommen.

Doch das Weinen der Mütter von Jerusalem
ist nur ein kleiner Tropfen
in dem Strom all der Tränen, die Mütter vergossen haben:
Mütter von Gekreuzigten, Mütter von Mördern,
Mütter von Drogensüchtigen, Mütter von Terroristen,
Mütter von Vergewaltigern, Mütter von Wahnsinnigen:
… immer jedoch Mütter!

Aber Weinen genügt nicht.
Das Weinen muss überströmen in Liebe, die erzieht,
in Stärke, die führt, in Strenge, die zurechtweist,
in Dialog, der aufbaut, in Gegenwart, die redet!

Das Weinen muss weiteres Weinen verhindern!

GEBET
Herr Jesus,
Du kennst das Weinen der Mütter,
Du siehst in jedem Haus den Winkel des Schmerzes,
Du hörst das stille Seufzen
so vieler Mütter, die von ihren Kindern verletzt wurden,
tödlich verletzt … und weiterleben!

Herr Jesus,
löse die Gerinnsel der Härte,
die den Kreislauf der Liebe
in den Adern unserer Familien behindern.
Gib, dass wir uns noch einmal als Sohn oder Tochter empfinden,
damit wir unseren Müttern
– auf Erden und im Himmel –
den Stolz schenken, uns geboren zu haben,
und die Freude, den Tag unserer Geburt preisen zu können.

Herr Jesus,
trockne die Tränen der Mütter,
damit das Lächeln wiederkehre auf den Gesichtern der Kinder,
auf den Gesichtern aller.

✠

Alle:
Pater noster, qui es in cælis:
sanctificetur nomen tuum;
adveniat regnum tuum;
fiat voluntas tua, sicut in cælo, et in terra.
Panem nostrum cotidianum da nobis hodie;
et dimitte nobis debita nostra,
sicut et nos dimittimus debitoribus nostris;
et ne nos inducas in tentationem;
sed libera nos a malo.

Tui Nati vulnerati,	*Ach, das Blut, das Er vergossen,*
tam dignati pro me pati	*ist für mich dahingeflossen;*
pœnas mecum divide.	*lass mich teilen Seine Pein.*

NEUNTE STATION

Jesus fällt zum dritten Mal
unter dem Kreuz

V. Adoramus te, Christe, et benedicimus tibi.
A. Quia per sanctam crucem tuam redemisti mundum.

Aus dem Buch des Propheten Habakuk. 1,12–13; 2,2–3

C. *Herr, bist nicht Du von Ewigkeit her*
mein heiliger Gott?
Deine Augen sind zu rein,
um Böses mitanzusehen,
Du kannst der Unterdrückung nicht zusehen.
Warum siehst Du also den Treulosen zu und schweigst,
wenn der Ruchlose den Gerechten verschlingt?
L. *„Schreib nieder, was du siehst,*
schreib es deutlich auf die Tafeln,
damit man es mühelos lesen kann.
Denn erst zu der bestimmten Zeit trifft ein, was du siehst;
aber es drängt zum Ende und ist keine Täuschung;
wenn es sich verzögert, so warte darauf;
denn es kommt, es kommt und bleibt nicht aus."

BETRACHTUNG

Pascal hat scharfsinnig bemerkt:
„Bis zum Ende der Welt wird Jesus in Agonie sein;
in dieser Zeit darf man nicht schlafen."[11]

Doch wo ringt Jesus in dieser Zeit mit dem Tode?
Die Teilung der Welt in Zonen des Wohlstands
und Zonen des Elends ... ist die Agonie Christi heute.
Tatsächlich besteht die Welt aus zwei Räumen:

---

[11] *Blaise Pascal, Pensées, Nr. 553 (Brunschvicg).*

In dem einen verschwendet man,
und in dem anderen verendet man;
in dem einen stirbt man am Überfluss,
und in dem anderen stirbt man vor Elend;
in dem einen fürchtet man die Fettleibigkeit,
und in dem anderen fleht man um Nächstenliebe.

Warum öffnen wir nicht eine Tür?
Warum bilden wir nicht eine einzige Mahlgemeinschaft?
Warum begreifen wir nicht, dass die Armen die Therapie sind
für die Reichen?
Warum? Warum? Warum sind wir so blind?

GEBET
Herr Jesus,
den Menschen, der für das Horten lebt,
hast Du einen Narren genannt![12]

Ja, töricht ist, wer meint,
etwas zu besitzen,
denn nur Einer ist der Besitzer
der Welt.

Herr Jesus,
die Welt gehört Dir, Dir allein.
Und Du hast sie allen geschenkt,
damit die Erde ein Haus sei,
das alle nährt und alle beschützt.

---

[12] *Lk 12,20.*

Darum ist Horten Stehlen,
wenn die unnötige Anhäufung
andere hindert zu leben.

Herr Jesus,
lass den Skandal enden,
der die Welt teilt in Villen und Baracken.
Herr, erziehe uns wieder zur Geschwisterlichkeit!

✠

Alle:
Pater noster, qui es in cælis:
sanctificetur nomen tuum;
adveniat regnum tuum;
fiat voluntas tua, sicut in cælo, et in terra.
Panem nostrum cotidianum da nobis hodie;
et dimitte nobis debita nostra,
sicut et nos dimittimus debitoribus nostris;
et ne nos inducas in tentationem;
sed libera nos a malo.

Eia, mater, fons amoris,	*Gib, o Mutter, Born der Liebe,*
me sentire vim doloris	*dass ich mich mit dir betrübe,*
fac, ut tecum lugeam.	*dass ich fühl die Schmerzen dein.*

ZEHNTE STATION
Jesus wird seiner Kleider beraubt

V. Adoramus te, Christe, et benedicimus tibi.
A. Quia per sanctam crucem tuam redemisti mundum.

Aus dem heiligen Evangelium nach Johannes. 19,23–24

C. *Nachdem die Soldaten Jesus ans Kreuz geschlagen hatten, nahmen sie seine Kleider und machten vier Teile daraus, für jeden Soldaten einen. Sie nahmen auch sein Untergewand, das von oben her ganz durchgewebt und ohne Naht war. Sie sagten zueinander:*
L. *„Wir wollen es nicht zerteilen, sondern darum losen, wem es gehören soll."*
C. *So sollte sich das Schriftwort erfüllen: Sie verteilten meine Kleider unter sich und warfen das Los um mein Gewand.*

BETRACHTUNG
Die Soldaten nehmen Jesus das Untergewand weg
mit der Gewalt der Diebe
und versuchen,
ihn auch seines Schamgefühls und seiner Würde zu berauben.

Doch Jesus *ist* die Scham, Jesus *ist* die Würde
des Menschen und seines Leibes.

Und der gedemütigte Leib Christi
wird zur Anklage aller Demütigungen
des menschlichen Leibes,
der von Gott geschaffen ist als Ausdruck der Seele
und als Sprache, um die Liebe kundzutun.

Heute aber wird der Leib häufig verkauft und gekauft
auf den Gehsteigen der Städte,
auf den Gehsteigen des Fernsehens,
in Häusern, die zu Gehsteigen geworden sind.

Wann werden wir begreifen, dass wir dabei sind,
die Liebe zu töten?
Wann werden wir begreifen, dass ohne Reinheit
der Leib nicht lebt, noch Leben zeugen kann?

GEBET
Herr Jesus,
auf verschlagene Weise ist über die Reinheit
ein allgemeines Schweigen verhängt worden:
ein unreines Schweigen!
Es hat sich sogar die Überzeugung verbreitet
– eine ganz und gar verlogene Überzeugung! –
dass die Reinheit Feindin der Liebe sei.

Das Gegenteil ist wahr, o Herr!
Die Reinheit ist die unerlässliche Bedingung,
um lieben zu können:
um wirklich zu lieben, um treu zu lieben.

Im Übrigen, Herr,
wenn einer nicht Herr seiner selbst ist,
wie kann er sich dann verschenken?

Nur wer rein ist, kann lieben;
nur wer rein ist, kann lieben, ohne zu beschmutzen.

Herr Jesus,
durch die Macht Deines für uns vergossenen Blutes
schenke uns reine Herzen,
damit in der Welt die Liebe wieder erstehe,
die Liebe, nach der wir alle solche Sehnsucht haben.

☦

Alle:
Pater noster, qui es in cælis:
sanctificetur nomen tuum;
adveniat regnum tuum;
fiat voluntas tua, sicut in cælo, et in terra.
Panem nostrum cotidianum da nobis hodie;
et dimitte nobis debita nostra,
sicut et nos dimittimus debitoribus nostris;
et ne nos inducas in tentationem;
sed libera nos a malo.

Fac ut ardeat cor meum	*Dass mein Herz von Lieb' entbrenne,*
in amando Christum Deum,	*dass ich nur noch Jesus kenne,*
ut sibi complaceam.	*dass ich liebe Gott allein.*

ELFTE STATION
Jesus wird ans Kreuz genagelt

V. Adoramus te, Christe, et benedicimus tibi.
A. Quia per sanctam crucem tuam redemisti mundum.

Aus dem heiligen Evangelium nach Matthäus. 27,35–42

C. *Nachdem sie ihn gekreuzigt hatten, warfen sie das Los und verteilten seine Kleider unter sich. Dann setzten sie sich nieder und bewachten ihn. Über seinem Kopf hatten sie eine Aufschrift angebracht, die seine Schuld angab: Das ist Jesus, der König der Juden.*
Zusammen mit ihm wurden zwei Räuber gekreuzigt, der eine rechts von ihm, der andere links. Die Leute, die vorbeikamen, verhöhnten ihn, schüttelten den Kopf und sagten:
L. *„Du willst den Tempel niederreißen und in drei Tagen wieder aufbauen? Wenn du Gottes Sohn bist, hilf dir selbst und steig herab vom Kreuz!"*
C. *Auch die Hohenpriester, die Schriftgelehrten und die Ältesten verhöhnten ihn und sagten:*
L. *„Anderen hat er geholfen, sich selbst kann er nicht helfen. Er ist doch der König von Israel! Er soll vom Kreuz herabsteigen, dann werden wir an ihn glauben."*

BETRACHTUNG

Die Hände, die alle gesegnet haben,
sind nun ans Kreuz genagelt,
die Füße, die so viel gegangen sind,
um Hoffnung und Liebe auszustreuen,
sind nun an den Kreuzesstamm geheftet.

Warum, o Herr?
Aus Liebe![13]
Warum die Passion?
Aus Liebe!
Warum das Kreuz?
Aus Liebe!

Warum, o Herr, bist Du nicht vom Kreuz herabgestiegen
und hast auf unsere Provokationen reagiert?
Ich bin nicht vom Kreuz herabgestiegen,
weil ich sonst die Gewalt anerkannt hätte
als Herrin der Welt, während die Liebe die einzige Gewalt ist,
die die Welt verändern kann.

Warum, o Herr, dieser erdrückend hohe Preis?
Um euch zu sagen, dass Gott Liebe ist,[14]
unendliche Liebe, allmächtige Liebe.
Werdet ihr mir glauben?

GEBET
Gekreuzigter Jesus,
alle können uns betrügen, verlassen, enttäuschen:
Du allein wirst uns niemals enttäuschen!
Du hast zugelassen, dass unsere Hände
Dich grausam ans Kreuz nagelten,
um uns zu sagen, dass Deine Liebe wahr ist,
aufrichtig, treu und unwiderruflich.

---

[13] *Joh 13,1.*
[14] *1 Joh 4,8.16.*

Gekreuzigter Jesus,
unsere Augen sehen Deine Hände angenagelt
und doch fähig, die wahre Freiheit zu geben;
sie sehen Deine Füße durch die Nägel festgehalten
und doch noch fähig, voranzuschreiten
und andere voranschreiten zu lassen.

Gekreuzigter Jesus,
geschwunden ist die Illusion eines Glücks ohne Gott.
Wir kehren zurück zu Dir,
der einzigen Hoffnung und der einzigen Freiheit,
der einzigen Freude und der einzigen Wahrheit:

Gekreuzigter Jesus,
hab Erbarmen mit uns Sündern!

☩

Alle:
Pater noster, qui es in cælis:
sanctificetur nomen tuum;
adveniat regnum tuum;
fiat voluntas tua, sicut in cælo, et in terra.
Panem nostrum cotidianum da nobis hodie;
et dimitte nobis debita nostra,
sicut et nos dimittimus debitoribus nostris;
et ne nos inducas in tentationem;
sed libera nos a malo.

Sancta mater, istud agas,	*Heil'ge Mutter, drück die Wunden,*
Crucifixi fige plagas	*die dein Sohn am Kreuz empfunden,*
cordi meo valide.	*tief in meine Seele ein.*

ZWÖLFTE STATION
Jesus stirbt am Kreuz

V. Adoramus te, Christe, et benedicimus tibi.
A. Quia per sanctam crucem tuam redemisti mundum.

Aus dem heiligen Evangelium nach Johannes. 19,25–27

C. *Bei dem Kreuz Jesu standen seine Mutter und die Schwester seiner Mutter, Maria, die Frau des Klopas, und Maria von Magdala. Als Jesus seine Mutter sah und bei ihr den Jünger, den er liebte, sagte er zu seiner Mutter:*
L. *„Frau, siehe, dein Sohn!"*
C. *Dann sagte er zu dem Jünger:*
L. *„Siehe, deine Mutter!"*
C. *Und von jener Stunde an nahm sie der Jünger zu sich.*

Aus dem heiligen Evangelium nach Matthäus. 27,45–46.50

C. *Von der sechsten bis zur neunten Stunde herrschte eine Finsternis im ganzen Land. Um die neunte Stunde rief Jesus laut:*
L. *„Eli, Eli, lema sabachtani?"*
C. *Das heißt:*
L. *„Mein Gott, mein Gott, warum hast du mich verlassen?"*
C. *Jesus schrie noch einmal laut auf. Dann hauchte er den Geist aus.*

BETRACHTUNG

Der Mensch hat törichterweise gedacht: Gott ist tot!
Wenn aber Gott stirbt, wer gibt uns dann noch das Leben?
Wenn Gott stirbt, was ist dann das Leben?

Das Leben ist Liebe!

Das Kreuz ist also nicht der Tod Gottes,
sondern der Moment, in dem die zerbrechliche Schale des Menschseins,
das Gott angenommen hatte, zerspringt
und die Flut der Liebe hervorströmt,
welche die Menschheit erneuert.[15]

Aus dem Kreuz entspringt das neue Leben des Saulus,
aus dem Kreuz entspringt die Bekehrung des Augustinus,
aus dem Kreuz entspringt die glückliche Armut des Franz von Assisi,
aus dem Kreuz entspringt die strahlende Güte des Vinzenz von Paul;
aus dem Kreuz entspringt der Heldenmut des Maximilian Kolbe,
aus dem Kreuz entspringt die wunderbare Nächstenliebe der
Mutter Teresa von Kalkutta,
aus dem Kreuz entspringt der Mut Johannes Pauls II.,
aus dem Kreuz entspringt die Revolution der Liebe:
Darum ist das Kreuz nicht der Tod Gottes,
sondern es ist der Ursprung seiner Liebe in der Welt.
Gepriesen sei das Kreuz Christi!

GEBET
Herr Jesus,
im Schweigen dieses Abends ist Deine Stimme zu hören:
„Mich dürstet! Mich dürstet nach deiner Liebe!"[16]

Im Schweigen dieser Nacht ist Dein Gebet zu hören:
„Vater, vergib ihnen! Vater, vergib ihnen!"[17]

In Schweigen der Geschichte ist Dein Schrei zu hören:
„Es ist vollbracht."[18]

---

[15] *Joh 19,30.*
[16] *Joh 19,28.*
[17] *Lk 23,34.*
[18] *Joh 19,30.*

Was ist vollbracht?
"Ich habe euch alles gegeben, ich habe euch alles gesagt,
ich habe euch die schönste Botschaft überbracht:
Gott ist Liebe! Gott liebt euch!"

Im Schweigen des Herzens ist die Liebkosung
Deines letzten Geschenkes zu hören:
"Siehe, deine Mutter: meine Mutter!"[19]

Danke, Jesus, dass Du Maria die Aufgabe anvertraut hast,
uns jeden Tag daran zu erinnern,
dass der Sinn von allem die Liebe ist:
die Liebe Gottes, in die Welt eingepflanzt als ein Kreuz!
Danke, Jesus!

✠

Alle:
Pater noster, qui es in cælis:
sanctificetur nomen tuum;
adveniat regnum tuum;
fiat voluntas tua, sicut in cælo, et in terra.
Panem nostrum cotidianum da nobis hodie;
et dimitte nobis debita nostra,
sicut et nos dimittimus debitoribus nostris;
et ne nos inducas in tentationem;
sed libera nos a malo.

Vidit suum dulcem Natum	*Sah Ihn trostlos und verlassen*
morientem desolatum,	*an dem blut'gen Kreuz erblassen,*
cum emisit spiritum.	*ihren lieben einz'gen Sohn.*

---
[19] *Joh 19,27.*

DREIZEHNTE STATION
Jesus wird vom Kreuz abgenommen und
in den Schoß seiner Mutter gelegt

V. Adoramus te, Christe, et benedicimus tibi.
A. Quia per sanctam crucem tuam redemisti mundum.

Aus dem heiligen Evangelium nach Matthäus. 27,55.57–58;
17,22–23

C. *Auch viele Frauen waren dort und sahen von weitem zu; sie waren Jesus seit der Zeit in Galiläa nachgefolgt und hatten ihm gedient.*
Gegen Abend kam ein reicher Mann aus Arimathäa namens Josef; auch er war ein Jünger Jesu. Er ging zu Pilatus und bat um den Leichnam Jesu. Da befahl Pilatus, ihm den Leichnam zu überlassen.

C. *Als sie in Galiläa zusammen waren, sagte Jesus zu ihnen:*
L. „Der Menschensohn wird den Menschen ausgeliefert werden, und sie werden ihn töten; aber am dritten Tag wird er auferstehen."
C. *Da wurden sie sehr traurig.*

BETRACHTUNG
Das Verbrechen ist vollbracht:
Wir haben Jesus getötet![20]

Und die Wunden Christi brennen
im Herzen Marias,
während ein einziger Schmerz
die Mutter mit dem Sohn umfängt.

---
[20] *Sach 12,10.*

Die Pietà! Ja, die Pietà
ruft, erschüttert und verwundet, sogar den,
der gewöhnlich Wunden zufügt.

Die Pietà! Uns scheint es,
als hätten wir Mitleid mit Gott,
und stattdessen – wieder einmal –
ist es Gott, der Mitleid hat mit uns.

Die Pietà! Der Schmerz
ist nicht mehr hoffnungslos
und wird es niemals mehr sein,
denn Gott ist gekommen, um mit uns zu leiden.

Und kann man mit Gott etwa die Hoffnung verlieren?

GEBET
O Maria,
in diesem Sohn umarmst du jedes Menschenkind
und empfindest die Pein aller Mütter der Welt.

O Maria,
deine Tränen fließen von Jahrhundert zu Jahrhundert
und laufen über die Gesichter
und weinen das Weinen aller Menschen.

O Maria,
du bist mit dem Schmerz vertraut … aber du glaubst!
Du glaubst, dass die Wolken die Sonne nicht auslöschen,
du glaubst, dass die Nacht das Morgenrot vorbereitet.

O Maria,
die du das Magnifikat gesungen hast,[21]
stimme für uns das Lied an, das den Schmerz überwindet
wie eine Geburt, aus der das Leben hervorgeht.

O Maria,
bitte für uns!
Bitte, dass die wahre Hoffnung
auch auf uns überspringe.

✠

Alle:
Pater noster, qui es in cælis:
sanctificetur nomen tuum;
adveniat regnum tuum;
fiat voluntas tua, sicut in cælo, et in terra.
Panem nostrum cotidianum da nobis hodie;
et dimitte nobis debita nostra,
sicut et nos dimittimus debitoribus nostris;
et ne nos inducas in tentationem;
sed libera nos a malo.

Fac me vere tecum flere,	Lass mich mit dir herzlich weinen,
Crucifixo condolere,	ganz mit Jesu Leid vereinen,
donec ego vixero.	solang hier mein Leben währt.

---
[21]   *Lk 1,46–55.*

VIERZEHNTE STATION
Jesus wird ins Grab gelegt

V. Adoramus te, Christe, et benedicimus tibi.
A. Quia per sanctam crucem tuam redemisti mundum.

Aus dem heiligen Evangelium nach Matthäus. 27,59–61

C. *Josef nahm den Leichnam Jesu und hüllte ihn in ein reines Leinentuch. Dann legte er ihn in ein neues Grab, das er für sich selbst in einen Felsen hatte hauen lassen. Er wälzte einen großen Stein vor den Eingang des Grabes und ging weg. Auch Maria aus Magdala und die andere Maria waren dort; sie saßen dem Grab gegenüber.*

Aus dem Buch der Psalmen. 16,9–11

L. *Darum freut sich mein Herz
und frohlockt meine Seele;
auch mein Leib wird wohnen in Sicherheit.
Denn Du gibst mich nicht der Unterwelt preis;
Du lässt Deinen Frommen das Grab nicht schauen.
Du zeigst mir den Pfad zum Leben.
Vor Deinem Angesicht herrscht Freude in Fülle,
zu Deiner Rechten Wonne für alle Zeit.*

BETRACHTUNG
Manchmal gleicht das Leben
einem langen und traurigen Karsamstag.
Alles scheint am Ende,
es scheint, als triumphiere der Übeltäter,
es scheint, als sei das Böse stärker als das Gute.[22]

---
[22] *Jer 12,1; Hab 1,13.*

Aber der Glaube lässt uns weiter schauen,
er lässt uns das Licht eines neuen Tages entdecken,
jenseits des heutigen Tages.
Der Glaube versichert uns, dass das letzte Wort
Gott zusteht: Gott allein!

Der Glaube ist wahrlich ein kleines Flämmchen,
doch er ist der einzige Glanz, der die Nacht der Welt erhellt.
Und sein demütiges Licht fließt hinüber
in den ersten Lichtschein des Tages:
Der Tag des auferstandenen Christus.

Die Geschichte endet also nicht im Grab,
sondern explodiert im Grab:
So hat es Jesus verheißen,[23]
so ist es geschehen und wird es geschehen![24]

GEBET
Herr Jesus,
der Karfreitag ist der Tag der Dunkelheit,
der Tag des grundlosen Hasses,
der Tag der Tötung des Gerechten!
Doch der Karfreitag ist nicht das letzte Wort:
Das letzte Wort ist Ostern,
der Triumph des Lebens,
der Sieg des Guten über das Böse.

Herr Jesus,
der Karsamstag ist der Tag der Leere,
der Tag der Angst und der Verlorenheit,
der Tag, an dem alles zu Ende scheint!

---

[23] *Lk 18,31–33.*
[24] *Rom 8,18–23.*

Doch der Karsamstag ist nicht der letzte Tag:
Der letzte Tag ist Ostern,
das Licht, das sich wieder entzündet,
die Liebe, die allen Hass überwindet.

Herr Jesus,
während unser Karfreitag zu Ende geht
und sich die Angst so vieler Karsamstage wiederholt,
gib uns den festen Glauben Marias,
um an die Wahrheit von Ostern zu glauben;
gib uns ihren klaren Blick,
um das Leuchten zu sehen,
das den letzten Tag der Geschichte ankündigt:
„einen neuen Himmel und eine neue Erde",[25]
die in Dir schon begonnen haben,
gekreuzigter und auferstandener Jesus. Amen!

✠

Alle:
Pater noster, qui es in cælis:
sanctificetur nomen tuum;
adveniat regnum tuum;
fiat voluntas tua, sicut in cælo, et in terra.
Panem nostrum cotidianum da nobis hodie;
et dimitte nobis debita nostra,
sicut et nos dimittimus debitoribus nostris;
et ne nos inducas in tentationem;
sed libera nos a malo.

Quando corpus morietur,	*Jesus, wann mein Leib wird sterben,*
fac ut animæ donetur	*lass dann meine Seele erben*
paradisi gloria. Amen.	*Deines Himmels Seligkeit! Amen.*

---

[25] *Offb 21,1.*